山本あり

世界ぱんぱかパンの旅

〈北欧編〉

イースト・プレス

北欧
フィンランド
スウェーデン
ノルウェー
デンマーク
フィンランドのパンって変わってるなー
世界のパン
おしゃれなイメージやよねフィンランドって
ムーミン
マリメッコ
ライ麦パンが中心なんだって
ライ麦パンとはドイツ発祥といわれ東欧、北欧、ロシアなどで食べられているパン。
酸味のある生地は濃厚な味わいで噛み応えがあります
むちっ
むちっ
BÄCKERE
ヨーロッパ
ドイツのパン達
"プンパニッケル"
ライ麦全粒粉の黒パン
"ロッゲンミッシュブロート"
ライ麦と小麦粉をブレンドしたパン
"カイザーゼンメル"
サンドイッチなら小麦粉生地のこちら

――で、このドーナツ型のが
フィンランドの伝統ライ麦パン
「ハパンレイパ」
Hapan Le
棒につるして保存するんだって
へー
Hapan
これも気になる！
「ペルナリンプ」
じゃが芋とキャラウェイシードを練り込んだライ麦パン
※キャラウェイシード＝お肉料理で匂い消しに使うスパイス。さわやかだがクセのある香りが特徴。
酸味の強いライ麦生地に
キャラウェイシード…
ワイルドな味の予感！

ライ麦と全粒粉のパン「ルイスレイパ」
これは普通っぽいね
小さいのはハンバーガーのバンズにも使うんやって
えっ⁉
バンズといえばふわふわで甘めのパンなのに…
ふ～わり
粒つぶ食感で酸味の強いライ麦パンを使うとは！
ハンバーガーの概念を覆す国！

「カレリアンピーラッカ」も
かなりおもしろいよ！
ミルク粥を包んだライ麦パン！
世界のパン
お米とライ麦のコンビ…
どうなの？
正統派で真面目気質なドイツと比べて
フィンランドのパン…
フリーダム！

パン好きとしては食べてみたい!
ばほっ
フィンランド、おもしろいパンがまだまだありそうやね!
これはフィンランドに
い、行っちゃう?
お金ないけど…
本当に行くならデニッシュの国、デンマークにも寄らない?
フィンランド
デンマーク
近いんや!
本場のデニッシュは種類も豊富〜〜〜!
おおっ
世界のパン

デンマークでもっとも人気のデニッシュ
「ティビアキス」
甘くないデニッシュ…珍しい！
カスタードを包み込んだデニッシュ生地の
「ショコレーゼボロ」
甘党アンテナが反応…
日本でもおなじみ
「スパンダワー」
これは食べ比べしたいなあ
ケシの実たっぷり
「フロスナッパー」
他にもいろいろ…
なんてそそられる…
しかもデンマークのデニッシュはね…
生地に対するバターの割合が日本と違う！
バターが
日本
50%
デンマーク
60%
濃い！

デンマークええなぁ！
世界のパン
伝統料理がライ麦パンのオープンサンド
「スモーブロー」
めっちゃおいしそ〰♡
さらに…
こうなったら行くしかない！
こうして無謀にも北欧でパンを食べ歩く事になったのでした

フィンランド編

そして出発当日
楽しみで眠れなかった〜〜〜
ドキドキやね
成田国際空港
Narita Airport Terminal 1
行先／経由
COPENHAGEN
ECONOMY CLASS
成田から乗り継ぎのコペンハーゲンまで11時間
フィンランドまで全部で13時間かあ
ゴー…
いよいよ出発！
成田
11時間
デンマーク コペンハーゲン（乗り継ぎ）
2時間
フィンランド ヘルシンキ（5泊）
コペンハーゲン（3泊）
成田

ガタッ
3時間経過
おなかへったあ…
ぐぅ〜
機内食きたで
がっ…がまんする…!
えっなんで!?
現地でいっぱい食べたいし…朝食ぬいてきたし
向こう着くまで何も食べんの?
目的は北欧の地に!
Bread?
う…
一口だけ…
意思よわ…

機内食から
ライ麦パン！
正直、
味は普通
やけど…
"黒パン"
"ライ麦カンパーニュ"
空腹で
止まらない！
もふもふ
ごちそう
さまー
ゴオオオオオオ
そして朝食
オートミール
香ばしい！
ばくばく
もう
普通に
食べるんや
"雑穀の丸パン"
"オートミールのパン"

まもなく
コペンハーゲン空港
着陸態勢に…
乗り継ぎっ
いそげっ
GATE
1時間後
やっと着いた！
フィンランドや～
はやく
ヘルシンキ
市内へ！
そして
パンを！
地図を
確認しとこ
ここは
ヘルシンキ空港
だから…

…
?
ない
ヘルシンキ空港が載ってないいんだけど…
本当や!
ヘルシンキ・バンター空港ってのしかないなぁ!
ヘルシンキ・バンター空港
チケットは「To Helsinki」になってるのにっ
ヘルシンキ辺りにはおるはずやね…
Can I help you?
ナイスタイミング!

ヘルシンキ空港は
どこですか？
自分達のいるところが
わからないの？
Yes…
Oh…
それは
大変だっ
君達のいる
ヘルシンキ空港はね…
Here!
(ココダ)
北極圏
ビシッ
ヘルシンキ
ここに行きたい

ほっきょくけん？
ヤバイ…
空港…間違えた!?
これは今日中にヘルシンキに着かへんかな…
ヘルシンキ市内まで何時間ですか？
バスで20分
あの…
20分!?

彼のジョークだから…
HAHAHAHA
え…
ヘルシンキ空港ってヘルシンキ・バンター空港のことだから
フィンランドジョーク、シャレにならん…
……ともかく
成田から13時間
来たぜフィンランド!

20時なのに昼みたい
白夜って不思議やね
空港バスでヘルシンキ中央駅へ行き
観光カードを購入（交通機関が乗り放題）
北欧ガイド
ヘルシンキ中央駅
トラムでホテルへ
あれっ 次は「Varsapuistkko」って停留所のはず…
“Varsapuistkko”と“Fölskvären”が交互に表示されてる
Fölskvären
なんでだ？
街並みもかわいい♡
公用語がフィンランド語とスウェーデン語なので表示言語は2コ…
北欧ガイド
あせったあ
北欧ガイド
ついた！
HOTEL

このホテルやね
迷わなくてよかったー
ぐぅ〜
チェックインしてどこか食べ行こう
うんうん
あれ……
こんな近くにハンバーガー屋さん？
「HESBURGER《ヘスブルゲル》」だ！
フィンランドのファーストフードショップだよ
HESBURGER
ということは…

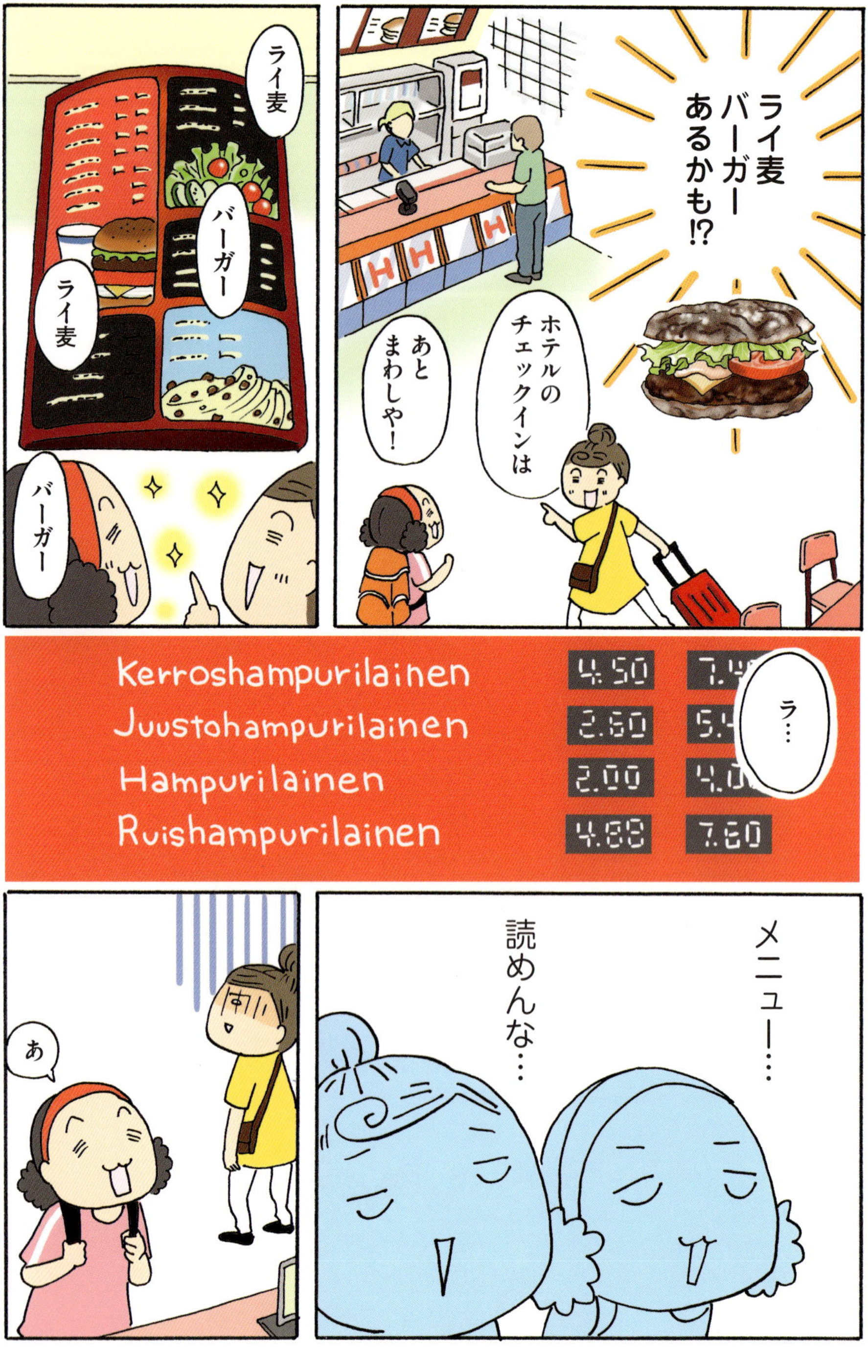
ライ麦バーガーあるかも!?
ホテルのチェックインは
あとまわしや!
ライ麦
バーガー
ライ麦
バーガー
Kerroshampurilainen 4.50
Juustohampurilainen 2.60
Hampurilainen 2.00
Ruishampurilainen 4.88 7.60
ラ…
メニュー…
読めんな…
あ

Aukioloajat = 営業時間

チェックイン プリーズ
FINLAND
ドキ ドキ
ガサ…
これがあの…
ライ麦バーガー！
ズズン
"KARHU OLUT"
(KARHU = 能
OLUT = ビール)
↖ホテルで購入
"RUISHAMPURILAINEN"
(ライ麦バーガー)
KAR

本当に
ライ麦の
バンズや
くろぐろ
メインの具材は
パテと…
イカリング！
・・・！
でれうまぁ
※「でれうま」とは岐阜弁で、とてもおいしいの意
ライ麦バンズの
歯ごたえ
むっちり
むちっ
そして…

ライ麦の酸味が
肉と揚げ物の
ワイルドコンビに
ぴったり！
ここまで力強いと
※オーロラソースの
濃い味つけが
ちょうどいいなあ
※ケチャップと
マヨネーズの
ソース
どの具材も外せない
絶妙なマッチング
ライ麦パン
オーロラソース
イカリング
トマト
パテ
ピクルス
レタス
そして
ピクルスの
さわやかさが
アクセントに

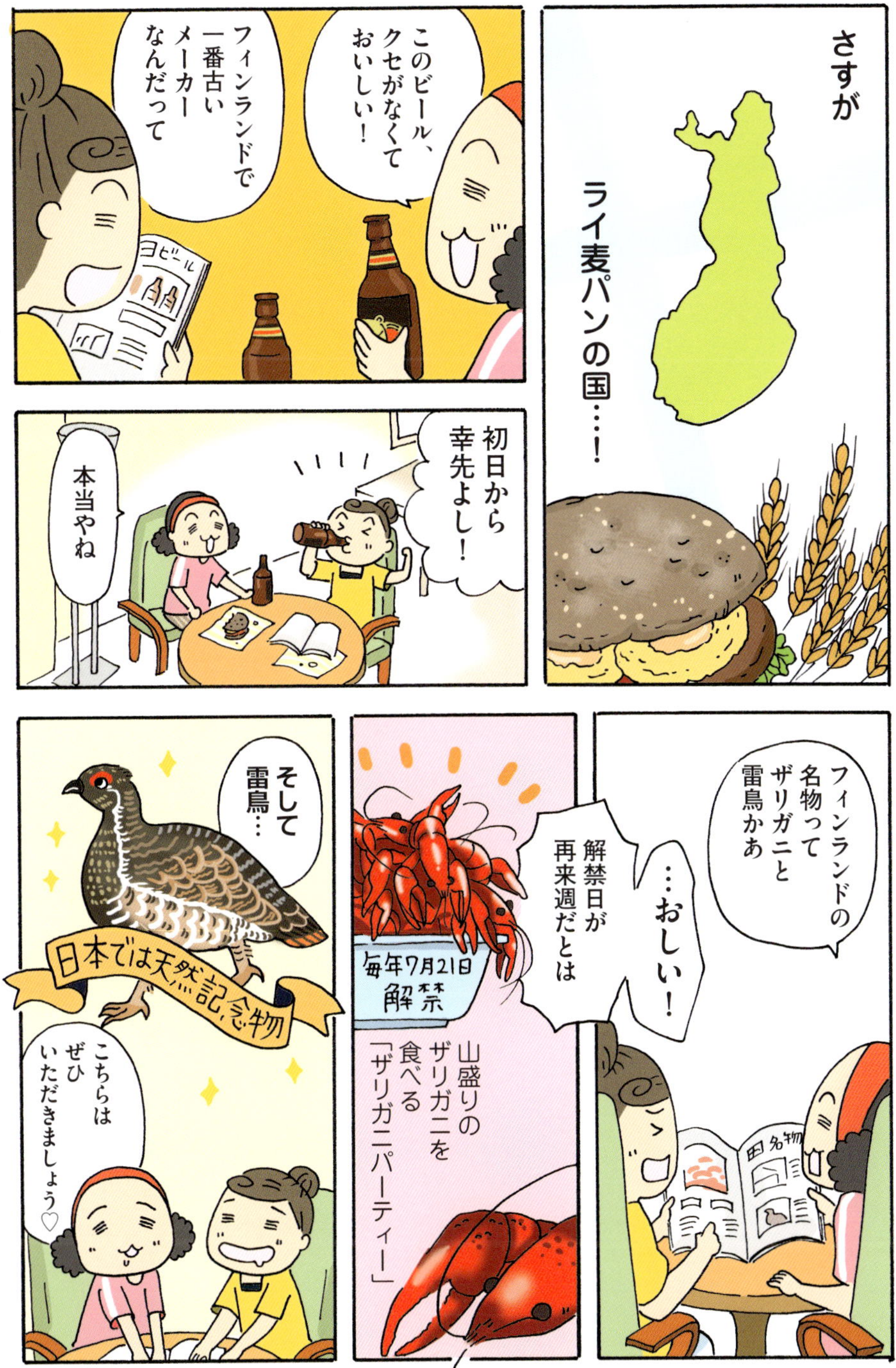
さすが
ライ麦パンの国…!
このビール、クセがなくておいしい!
フィンランドで一番古いメーカーなんだって
ビール
初日から幸先よし!
本当やね
フィンランドの名物ってザリガニと雷鳥かあ
解禁日が再来週だとは
…おしい!
名物
毎年7月21日
解禁
山盛りのザリガニを食べる「ザリガニパーティー」
そして雷鳥…
日本では天然記念物
こちらはぜひいただきましょう♡

「エロマンガ」という名前のパン屋さんがヘルシンキにあったらしい（帰国後知った）。

2日目
ピピピピピピピ
ピピピ
時差で
眠れなかった…
ホテルの朝食、どうやろなあ
それもいいんだけど
「EKBERG《エクベルグ》」ってお店に行ってみない?
北欧ガイド
フィンランドで一番古いパン屋さんなんだって
創業1852年ってすごいな!
EKBERG
トラムで!

EKBERG
BERG
ここだ
パン屋とカフェがあるんや
カフェで朝食を
ビュッフェなんやね
どれにしようかなぁ
クロワッサン☆
雑穀パン♡
パイ♪
あれはもしや…

ハパンレイパ！
ペルナリンプも！
いただきま～～す
"CROISSANT"
(クロワッサン)
"PERUNALIMPPU"
(ペルナリンプ)
"PASTEIJA"
(パステイヤ)
肉や野菜を詰めたパイ
"HAPANLEIPÄ"
(ハパンレイパ)
円形を切ってある

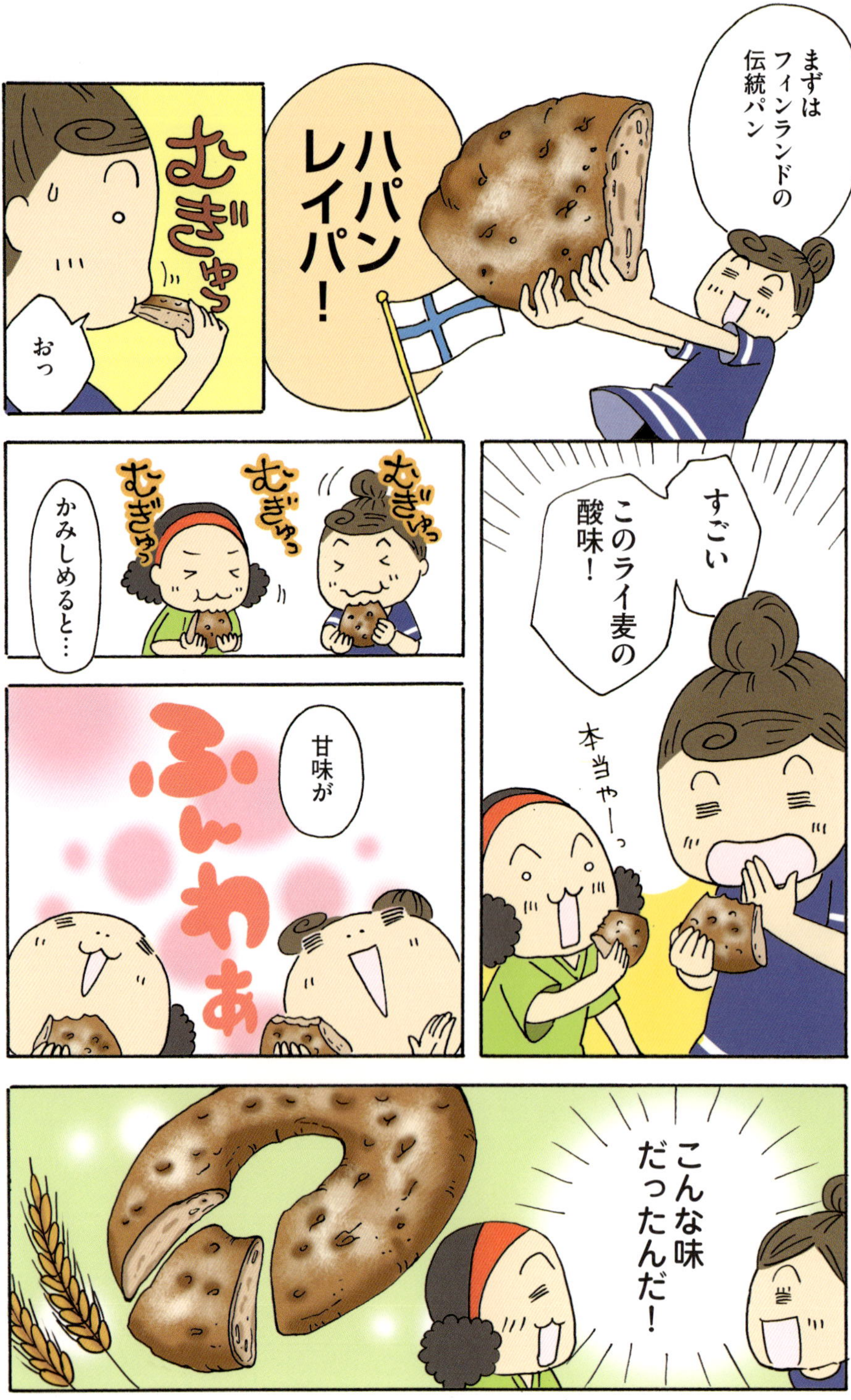
まずは
フィンランドの
伝統パン
ハパンレイパ！
むぎゅっ
おっ
すごい
このライ麦の
酸味！
本当やーっ
むぎゅっ
むぎゅっ
むぎゅっ
かみしめると…
甘味が
ふんわぁ
こんな味
だったんだ！

酸味が苦手って人もいそうやけどなあ
でもこれぞライ麦パンの真骨頂って感じ！
濃い生地だから…
きりきり
でれうまっ
のせのせ
塩気のあるパテやチーズと一緒に…
おつぎは
ペルナリンプ
もっちりぃ
もちもち

もち
すっぱさの中に
ほんのり甘味が
もちっ
じゃが芋の
風味も
かすかに…
あ
じゃが芋と
いえば…
バターだ!
ぬりっ
やっぱり
合う!
まちがいない!
フィンランドの
ライ麦パン
後引くわぁ
もう
1枚

これ 何やろ？
「大麦《おおむぎ》粥《がゆ》」だ！
ベリージャムをかけて食べる北欧の代表料理なんだって
食べてみたかったの
どれどれ
……
大麦の匂い…
激しいな
甘いジャムも微妙…
ズラリ
PIKAPUURO
北欧では人気で「PIKAPUURO」（即席粥）としてシリアルコーナーで売られていました。

ごちそうさまー
それじゃ次は――
EKBERG
シャッ
隣のパン屋さんをチェック!
ビュッフェになかったのがけっこうあるなあ
あっ
出た!カレリアンピーラッカ!
karjalanpiirakka VL
relskpirog LL
€
これ…中はミルク粥やったよね…
まずかった
大麦粥…

でもせっかくだから食べてみよう！
こっちの丸いパンも買っとこ
EKBERG
ガサ
ま、ダメもとで
うん…
"KARJALAN PIIRAKAT"
（カレリアンピーラッカ）
「カレリア地方のパイ」という意味
本来は軽く温めてムナボイ（ゆで卵とバターを混ぜたもの）をのせて食べます
おそる
おそる
もそっ
もそっ

うおいしい！
…あれ？
大麦粥は味がなかったのに…
こっちはしっかり塩味！
においもないしやさしい甘さもあって食べやすい～
ライ麦生地にお米がこんなに合うとは！

そして
もうひとつ
"VOISILMÄPULLA"
(ヴォイシルマプッラ)
「バターの目のパン」という意味
中にバター
砂糖
カルダモン生地
ふんわり
甘い
いい匂い〜〜〜!
生地が…
ふわっ
バターが…
じゅわりん

めっちゃコク甘ぁ
でれうまぁ！
カルダモンのスッキリしたスパイスが効いてて…
上品な味わい…
毎日でも食べたいね
フィンランドの人がうらやましいわぁ
この後は
「カウパットリ」ってマーケット広場に行ってみない？

カモメすごーっ
にぎわってるなあ!
わく
わく
わく
たまらん…
ジュー
なんか皆エンドウ豆食べてない?
帽子かわええ〜
もふ
もふ
トナカイの毛皮
フィンランド名物ラズベリー

これやろ？
マーケット中で売っとるね
herne
3€
生食ですか？
Yes!
おいしいよ
珍しいねえ
袋売り
パカッ
おっ
うまっ
甘ーーっ
ポリッ
ポリッ
この甘さ、浴びてる日光の量が違うから？
白夜効果！
そうかな…
止まらん
この港からスオメンリンナ要塞へ行けるみたい
駐車場のポールの土台がカメ
世界遺産やって！
行ってみよう！

SUOMENLINNA
Sveaborg
18世紀の要塞なんやって
今は観光地なんだ
北欧ガイド
カウパットリ
フェリーで10分
世界遺産
スオメンリンナ要塞
要塞までの小島にはフィンランドの人が夏を過ごすコテージがたくさん建っています
めっちゃかわいい
城壁！
大砲！
緑が多くて気持ちいい〜
1時間で回れるのもちょうどいいな

帰りのフェリーまで10分あるで
ソフトクリーム食べない？
フィンランドは乳製品がおいしくてアイスの消費量、ヨーロッパで一番らしいよ
サンキュー
へー
おもっ
ズッシリ
おおっ
まろやかで…濃厚で…
世界遺産級のおいしさ！
めっちゃ感動したわぁ
ソフトクリームにね……
SUOME
港へ

トマトとレモンが口に入ってる↑

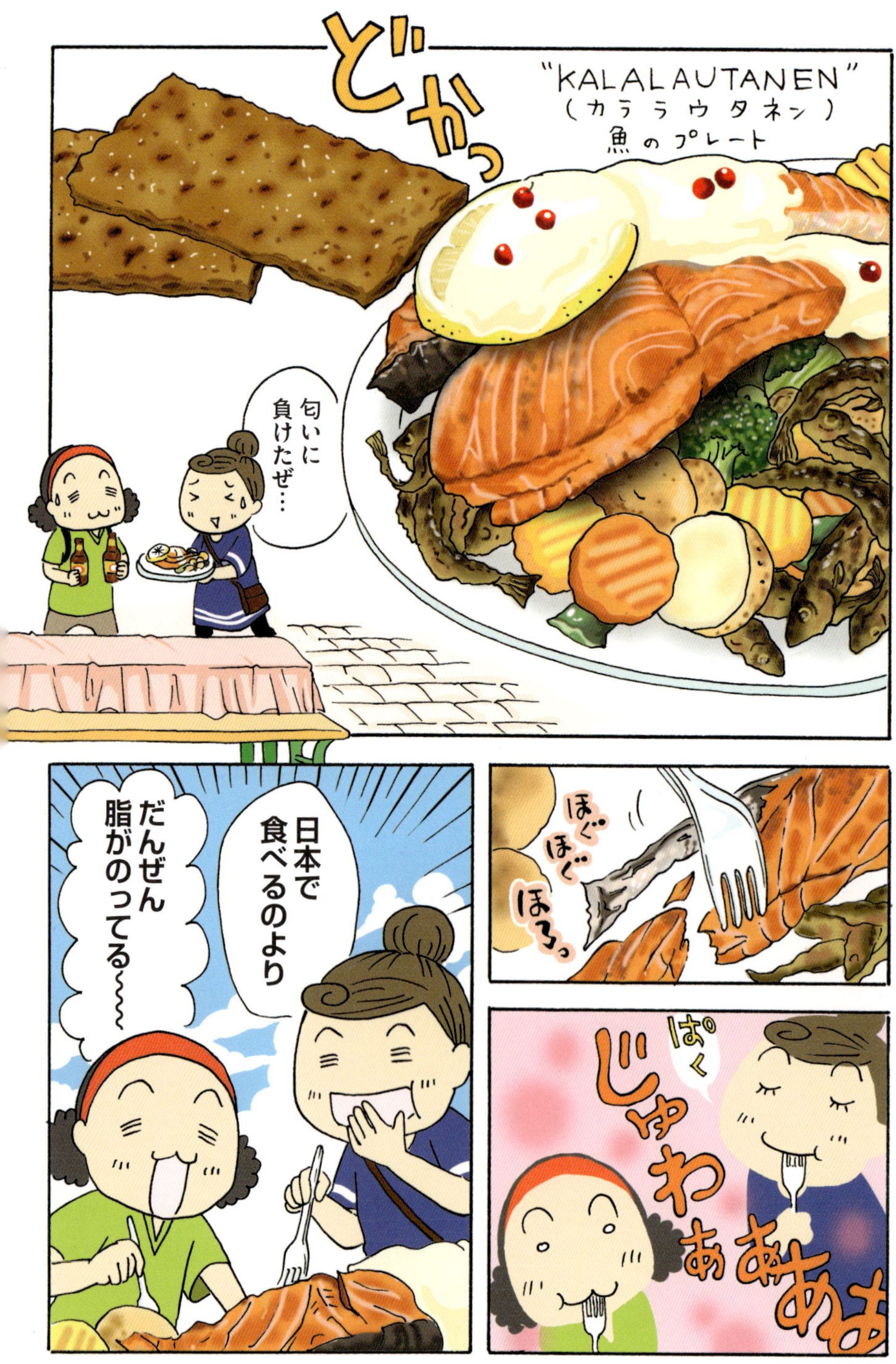
どかっ
"KALALAUTANEN"
(カララウタネン)
魚のプレート
匂いに負けたぜ…
日本で食べるのより
だんぜん脂がのってる〜〜〜
ほぐほぐ
ほろっ
ぱく
じゅわあああああ

でも全然しつこくないね！
甘味も感じるわ
OLVI
OLVI
タルタルソースのガーリックも効いてる！
ふわ〜ん
これと合わせてみよう
のせ のせ
「ナッキレイパ」ライ麦のクリスプブレッドなんだよ
パリッ
香ばしいな
じゅわっ
濃い味にぴったり！
パリッ
じゅわ
こんなにおいしいカナッペ…
今まで食べたことない…

これは「ムイック」だって
"MUIKKU"
(モトコクチマス)
カラッ
フィンランドでよく食べられる小魚
サクッ
うまっ
塩気でビールが進むわ
天気もいいし料理もおいしいし
最高すぎる!

はぁ〜
お腹いっぱい
ねえねえ「サンタクロース村」っていうのがあるよ
ロヴァニエミへ
サンタクロース村
列車で12時間かかるんだけど
北極圏
ロヴァニエミ
820km
ヘルシンキ
えっ
それこそ北極圏やん！
北欧ガイド
せっかく来たしいいけど…
サンタクロース村って何があるん？
サンタさんに会えるんだって！
小3の冬
サンタはいるもん毎年お手紙来るもん！
まだ信じて…
(兄、中2)→
これはお母さんの字…
ファンタジー崩壊…

Lipunmyynti
Tickets
Biljettförsäljning
夢のある子供やったんやね
それほどでも
アダルトツー
24時発、明日の12時着
これしかなかった…
この時間なら明日の朝食は車中やなあ
そうだね
出発前にパン買おう!
いったんホテル戻らへん?
まだ早いしね
時差ボケで
仮眠
ぐぅ…
起きてー
もう時間やよっ

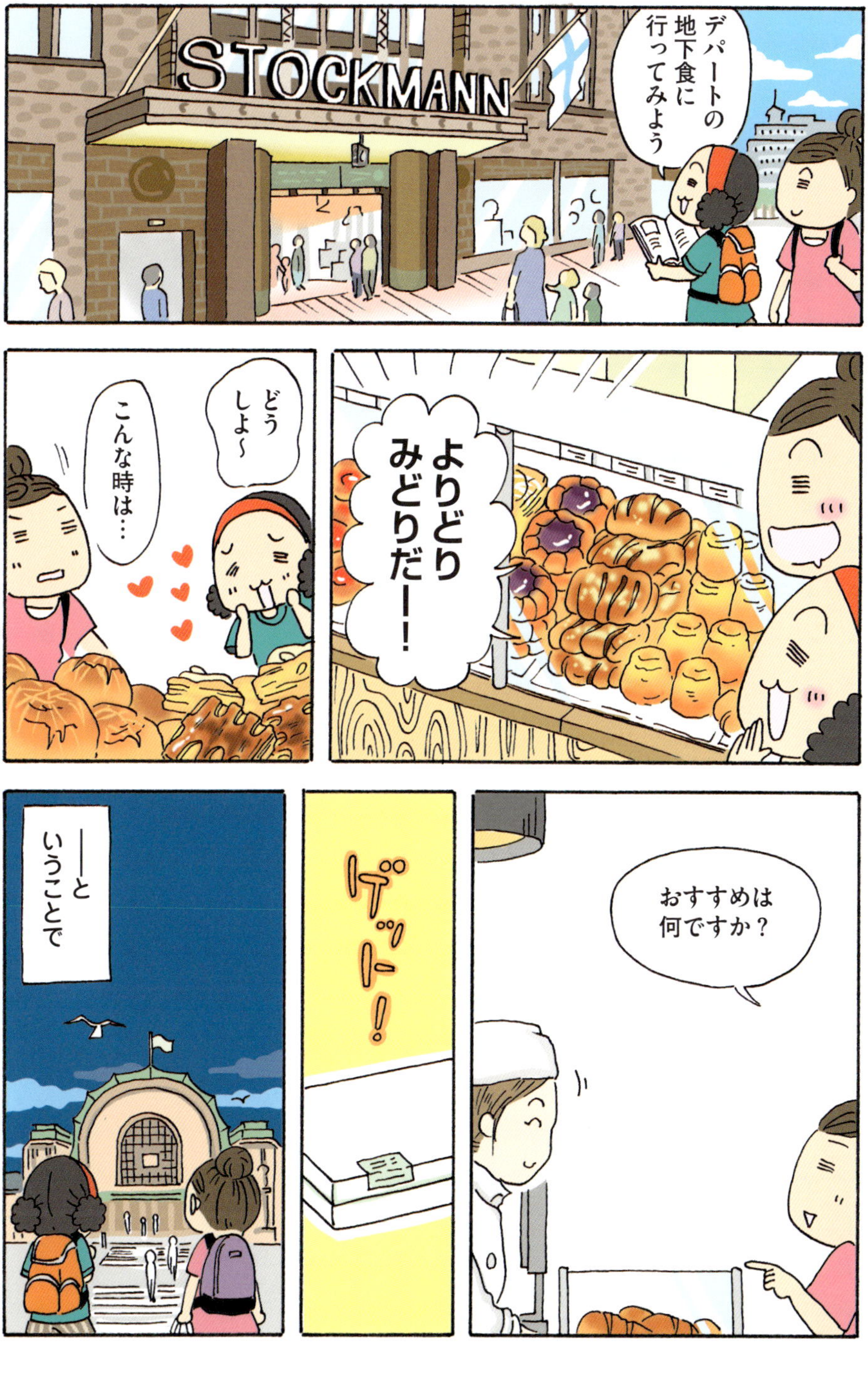
STOCKMANN
デパートの地下食に行ってみよう
どうしよ～
こんな時は…
よりどりみどりだー!!
おすすめは何ですか?
ゲット!
――といういことで

12時間も寝台列車に乗るなんて楽しみだな♪
飛行機なら成田まで帰れるで…
「サンタクロースエクスプレス」
かわいい列車名やね
Santa Claus Express VR
Rovaniemi
きれいな部屋だ〜
←トイレや洗面台もある
2段ベッド↓
ガタンゴトン
ガタンゴトン
いってきまーす

出発してまだ2時間…
ちょっと廊下ぶらぶらしてくるわ〜
サンタまで長…
バタン
バン
山本さん!
外がすごいで!
……
きれい!

森と湖の国やね…
幻想的…
ガタンゴトン
ぐう…
…お腹すいた
私も…
まさか夜更かしするとは…
もう4時やし
パン…
それはあかんて!
朝食までがまんやよ
ぐう
少しは寝ないと…
うん…
ぐう
ガタンゴトン
ぐう

おはよー
「KOIVU《コイブ》」ってとこに着いたんだけど
駅がすごいかわいいよ
本当やー
ムーミン小屋みたい！
KOIVU
※この駅は現在住宅として使われています
それじゃ
朝食を！
パカ♪
ひゃーっっ
"OMENALEIVOS"（オメナレイボス）アップルケーキ
シナモンパウダー
リンゴのコンポート
ブリオッシュ生地
しあわせ…
とろーり

ほのかな酸味がさわやか
リンゴとシナモンって…

やっぱりでれうま！

こっちも甘系
"HERKKUWIENER"
（ヘルックウィナー）
HERKKU＝おいしいもの
WIENER＝ウィーンのパン
（デニッシュ）
⇓
「おいしいデニッシュ」という意味
アイシング※
カスタード
アーモンド
レーズン
しっとり
ズシッ
おもっ！

※卵白に粉砂糖を加え泡立てたもの

カスタードたっぷりで
まったりしとる～
それにしても
外の景色を眺めながら食べると…
ガタンゴトン
ガタンゴトン
おいしさ倍増やね！

Rovaniemi
キィー
ついた〜
ロヴァニエミ、
さむっ
Rovaniemi
小雨も…
プルプル
サンタクロース村行きのバスは1時間に1本やって
乗り逃したら大変だあ
—て、行ってるそばから〜〜〜!
ブォー
あ゛ーっ
…
上着でも…
買いに行かへん?
そして1時間後
半袖で北極圏に来る人なんか…
おらんよね…
バスきたー

バスで20分…
ようやくサンタクロース村!!
すいとるねえ
夏やから?
あの建物でサンタさんと記念撮影ができるんだ
66°32'35" ARCTIC CIRCLE と書いてある。
ARCTIC CIRCLE ＝北極圏
体は半分北極圏
ARCTIC CIRC
…そして
ここに…
JOULUPUKIN KAMMARI
SANTA CLAUS OFFICE

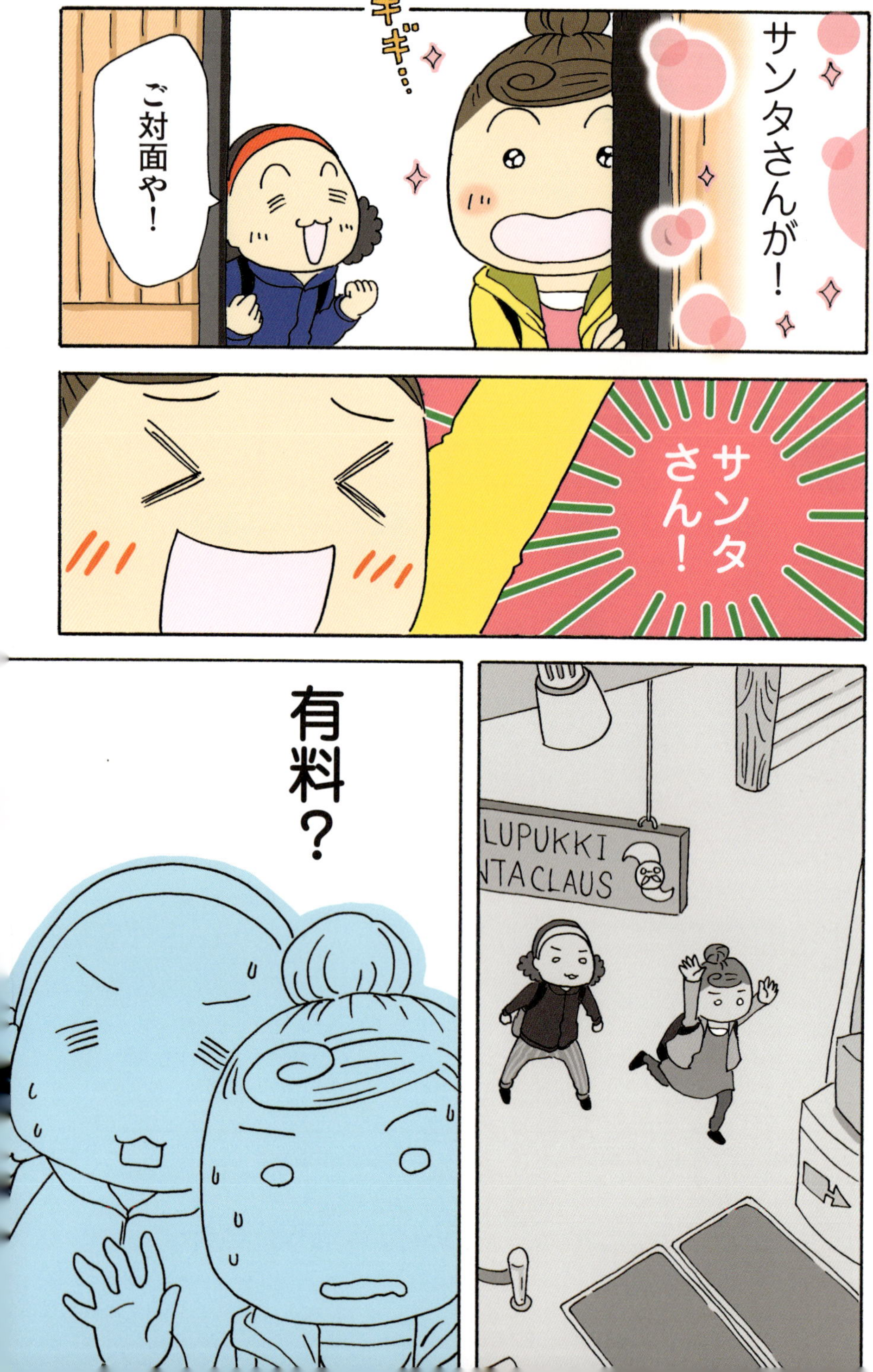

サンタさんが！
ギギ…
ご対面や！
サンタさん！
LUPUKKI
NTACLAUS
有料？

記念写真って…
3千円以上も
するんや…
…やめ
ようか…
よくよく
考えれば
ただの
コスプレじじい
だし…
童心を失っとる…
手紙なら
お手頃やよ！
クリスマスに
サンタさんから
届くんやって
これは
いいかも！
うん
うん
それなら
お母さん宛で…

日本語の手紙も選べますが雰囲気重視で英語に
サプライズやね
Dear
How are y
That is
無事、この年のクリスマスに届くも…
何コレ？読めないわ…
怖いわね
ポイ
東京まで7540km
サンタも大変だ
TH
ATHENS
PA
BANKOK 7757
AMS
TOKIO 7540km
PEKING 6680km
お土産を物色
ヤバイで…時間！
もう!?
Rovaniemi
何しに来たんだろう
サンタはともかく…
白夜を駆け抜けた列車の旅は忘れられない思い出に…
VR

帰国後、サンタクロース村の
ライブカメラで
サンタさんの様子が
配信されているのを
知りました。
わーっ サンタさん
なんだか 夢のない 時代やね…

ヘルシンキ到着
さすがにつかれたね…
朝6時…
4日目でようやく
ホテルで朝食だ～
ルイスレイパ！
スイカもあるで
何これ!?
色からしてライ麦っぽくはないけど…

おっ
もっちもっち
どう?
レッツトライ!
もぐ
もぐ
パンケーキっぽい
もちもちでほんのり甘いよ!
ベリージャムが合いそう
ふむふむ
こてっ
のせのせ
本当や!
これ、おやつやね!
もっちもっち
帰国後、これは「ブリニス」というロシアのパンケーキだと判明
サーモンやキャビアと食べるんやって!
おかずパンケーキだったとは!

ニシンのマスタード漬けあったんだ!
これ?
つるり
北欧料理の前菜なんだって私ももらっていい?
どうぞ
お酢!
ピリッ
マスタード!
魚のほどよいくさみも香って…
これはイケる!!
めっちゃお酒飲みたくなるーっ
ちょっとこれ、ルイスレイパにのせてみる!
…!
むち

この食べ方が正解なのかわからないけれど…
ニシンのマスタード漬けとライ麦パン…
MUSTA
これは合う！
朝食というか
完全に夜パン！
wine
まだまだ食べるぞ〜
私はスイカを
ライ麦パンもいいけど…

チャバタにしたんや？
濃い味続きやからアッサリしたの恋しくなるよね
うん うん
シャク シャク
と、言いつつ…
イタリアのパン "チャバタ"
ガッツリ
Wチーズと Wハムのサンドイッチに！
パンが主食の国はハムとチーズの種類が多くておいしい！
たしかに！
もふ もふ
ホテルの朝食おいしいとテンションあがる！

さて今日は
ヘルシンキの街めぐりへ！
この教会2つは行ってみたいんよね
いいね！
パン屋さんがこの辺だから…
テンペリアウキオ教会←パン屋(1件目)←パン屋(2件目)←ヘルシンキ大聖堂
このルートでまわろうか
なんか今日、スゴイ計画的！
昨日の私達とは違うぜ！
北欧ガイド

テンペリアウキオ教会
おおおおっ
大岩をくりぬいて造ったんやって
教会に見えない
北欧ガイド
洞窟みたい！
パイプオルガン↓
教会やのにこんな斬新な作りにしていいんやー
スゴイな
北欧ガイド
次はこのパン屋へ
地元密着型！
北欧ガイド
ゴトン
ゴトン

あそこだ♡
あ…
休み…
Kokku & Leipä
Keisari
CLOSED
でも…もう1件あるしっ
そうや！
ヘルシンキの人気店やよ！
北欧ガイド

と思ったら…
ここもお休み…!
KANNISTON LEIPOMON MY
フィンランドは夏至(6月21日)から7月末までの間に夏休みをとるそうです
なんだったんだあの計画…
ヨロ…
ここは営業中
アンティークショップでも見よっか?
FASANNI ANTIK
そうね
へー、全部ヴィンテージなんだぁ
え…
日本で5千円のが7ユーロ!?(約950円)

これもいいなあ！
あっこっちのも！
うわーっ!!
どれもめっちゃかわいい〜〜〜っ
よかった！復活した！
あーははははは
てかこわれたっ
郵送して下さい！
パンへの思いをぶつけましたな
どーん
ヘルシンキ大聖堂

外観はスゴイけど…
中は普通だねえ
さっきの教会と比べたらあかんよ
休憩～
本当はここでパンを食べたかったね
お腹すいたなあ
「オールド・マーケット」っていうのがあるで
ここから近いし
屋内マーケットなんだ
カウパットリ
でかいっ
おととい行った屋外マーケットのそばなんやね

ライ麦パンのタワー！
迫力やわ
ズゥン
サンドイッチもいろいろあるよ
菓子パンも買ってみよう！
それでは…
まずはエビサンド！
どどんっ
すごいボリュームやね

フランスパンはさっぱりしてて
もふもふ
エビの甘味がきわだつ〜
ぷりっ
ぷりっ
フィンランド…
海の幸にハズレなし！
ドォン
そして
シナモンロール！
スパイス、めっちゃいい香り〜
"KORVAPUUSTI"
(往復ビンタという意味 なぜこういう名前なのかは わからない)
ほゎん

たっぷりのシナモンの中に…
ジワ〜ン
スキッと感じるこれは…
カルダモン…!
こんなシナモンロール
食べたことない…!
ジワ
ジワ
ジワ
冬が長い国だからスパイス、ガッツリ効かせるのかな
ヴォイシルマプッラしかり
ほか
そうかもしれないねえ
ほか
ほか
寒い国、でれうまー
意味わからへん…

RKIOSKI
RKIOSKI
コンビニへ
パン屋は残念だったけど
予想外においしいのが食べれたねぇ
アイス食べよー
私も！
これは…
Fazer
SALMIAKKI
Pastilleja
40g
サルミアッキ！
何やの？それ
CLASSIC
CLASSIC

フィンランド名物の飴だよ
世界一まずいらしい
世界一…
買っとこう!
KIOSKI
KIOSKI
さっそく
ドキドキ
コロン
小さくて黒い
Fazer
においもない
…

えぐいというか…
苦いというか…
漢方のような…
こっちの人おいしそうに食べてる…
信じられへん…
限界
アイス
うはーっ!
地獄から天国だ!
アーモンドチョコ コーティング
バニラ
とろり
それは言い過ぎ…
ヘルシンキって小さいからすぐ見終わるねえ
明日の予定立てとこうか
北欧ガイド

おっ
タンペレの町楽しそう！
どれ？
北欧ガイド
ムーミン博物館と
1DAYトリップ
タンペレ
フィンランドで一番おいしいドーナツ屋があるって！
！
北欧ガイド
明日はこれに決定っ
トレインチケット買っとこ！
北欧
タンペレまで電車で2時間
朝9時出発やね
というわけで明日に備えて充電
ダラダラ
北欧ガイド

5日目
今日はタンペレに！
丸1日フィンランドにいられるのも最後かあ
はやいなー
ムーミン♡
ドーナツ♡
タンペレ
ヘルシンキ
出発！
ゴー
VR
11時着やね
向こうでお昼食べよう
帰りは17時発やし余裕やね
夕飯はヘルシンキで雷鳥食べよう！

あっという間にタンペレ!
4
まずは
ムーミン博物館へ
北欧ガイド
この道をまっすぐ15分くらい
タンペレ
けっこう人がおるんや
フィンランド第2の都市なんだって
かわいい街やねえ
不思議な建物も…
本当や

意外と遠いんかなぁ
もうすぐだよ
ブロロロ…
30分以上歩いても着かないなんて…
エクスキューズミー
ムーミン？
ゴーバック トゥ ザ ドーム！
ムーミン博物館
ドーーム！
さっきの！
ムーミン像
会えてよかった…
MUUMILAAKSO

ムーミン博物館には原画やオブジェなどが展示されています
原画キレイ…
感動…
ムーミンハウスすごい…
ぐったりしたムーミンがおでむかえ
グッズかわいいものばっかり
そんなに買うんや…
もう13時…ランチどうする？
先にドーナツ行っちゃお！
北欧ガイド
プーニッキ公園の展望台タワーのカフェだって
北欧ガイド

Pyynikki
広い公園だね～
空気が気持ちええわ
展望台だから…
すぐ見えてくるはず…
……
と言いつつ早1時間…
ぐったり
ハァハァ…
エ…エクスキューズミー…
タワー？
アップ！
…アップ？

崖やん！
本当にこの上に…？
…
まさかドーナツのために…
崖登りをするとは…
おみやげ重…
怖い…
あっ
しんどい…
ハァ
ハァ
あった！
ゼェ
ゼェ

一時はどうなるかと思ったぁ
ドーナツ大行列!
期待!!
Which size?
BIG
SMALL
オフコースビッグ!
ランチは
もういいか…
外で食べよー
ほわぁ

砂糖めいっぱいついとるなぁ
ジャリリ…
やわらかい…♡
ふっかぁ
ジャリリ…
砂糖の食感もたまらん!
ジャリ…
ふっかぁ
今まで食べたドーナツで一番おいしいかも〜!
ふかっ
ジャリリ
ふかっ
ジャリリ
ジャリリ
甘さの中にまたもカルダモンが♡
スキッと!
ふかっ
フィンランドナンバーワンもうなずける!
でれうまー
崖登りがんばってよかったわぁ…

展望台
登ってみようか
ずいぶん古い
エレベーターやね
わぁ
湖だ〜
きれい〜
ここって
市街から
一本道で来れた
のか…
本当や
森でのサバイバル
なんやったん…
そろそろ
列車の
時間

帰りの列車は寝させてもらうわ…
私も全身が筋肉痛…
夜は雷鳥
——と、思ってたけど…
ヘルシンキ到着
お店を探す
体力が…
ぐったり…
デパ地下で何か買わへん？
ホテルでゆっくり食べたいよね
TOCKMANN
TAKE AWAY FOOD
魚がおいしかったし
お寿司はどう？

これにしよー
このサラダのまぐろめっちゃ大きい！
ゴロリ
フィンランドのウォッカって有名やよね？
見つからへん…
アルコールが5%以上だと「ALKO」って専門店でしか売ってないみたい
しかも「ALKO」は国営だって
北欧ガイド
…そうなんや
それやったら…
名前とジャケ買いでこの黒ビールにしようかな
STRONG
「ストロング」！いいねえ！
なんとなく何かが強そう！
せやろ！
HOTE
つかれたー

いただきます
STRONGBOW
ゴキュッゴキュッ
大きいまぐろ〜
こっ
これは…
ゴクッ…
シードル！
（リンゴ酒）
STRONG
シャリ…
これは…
スイカ!?

たしかにどこにもビールって書いてない
「STRONGBOW《ストロングボウ》」はイギリス産のリンゴ酒でした
どうみてもまぐろ
ゴロリ
これはこれでおいしいけどスイカどうなん?
それが瓜っぽい味でビネガー風味のドレッシングに合ってる
シャリシャリ
パカ
それでは…
お米、ひさしぶりや〜
こっちでも魚の醤油入れ!
どーん

サーモン とろとろ〜
巻き寿司も いけるわぁ
パン、好きだけど
久しぶりの お米は安心 するなあ
あっと いう間に フィンランド 終わっちゃった〜
明日7時半には チェックアウト やね
えっ
朝食、7時半 からだよ
10時半の 飛行機やし、
食べる時間 ないなあ…
ガァン
思い出して〜〜〜
——昔、イギリス ひとり旅で
まさかの 空港バス 大渋滞!
ギリギリで空港に 到着
道あけて——
GATE
プリーズ!!

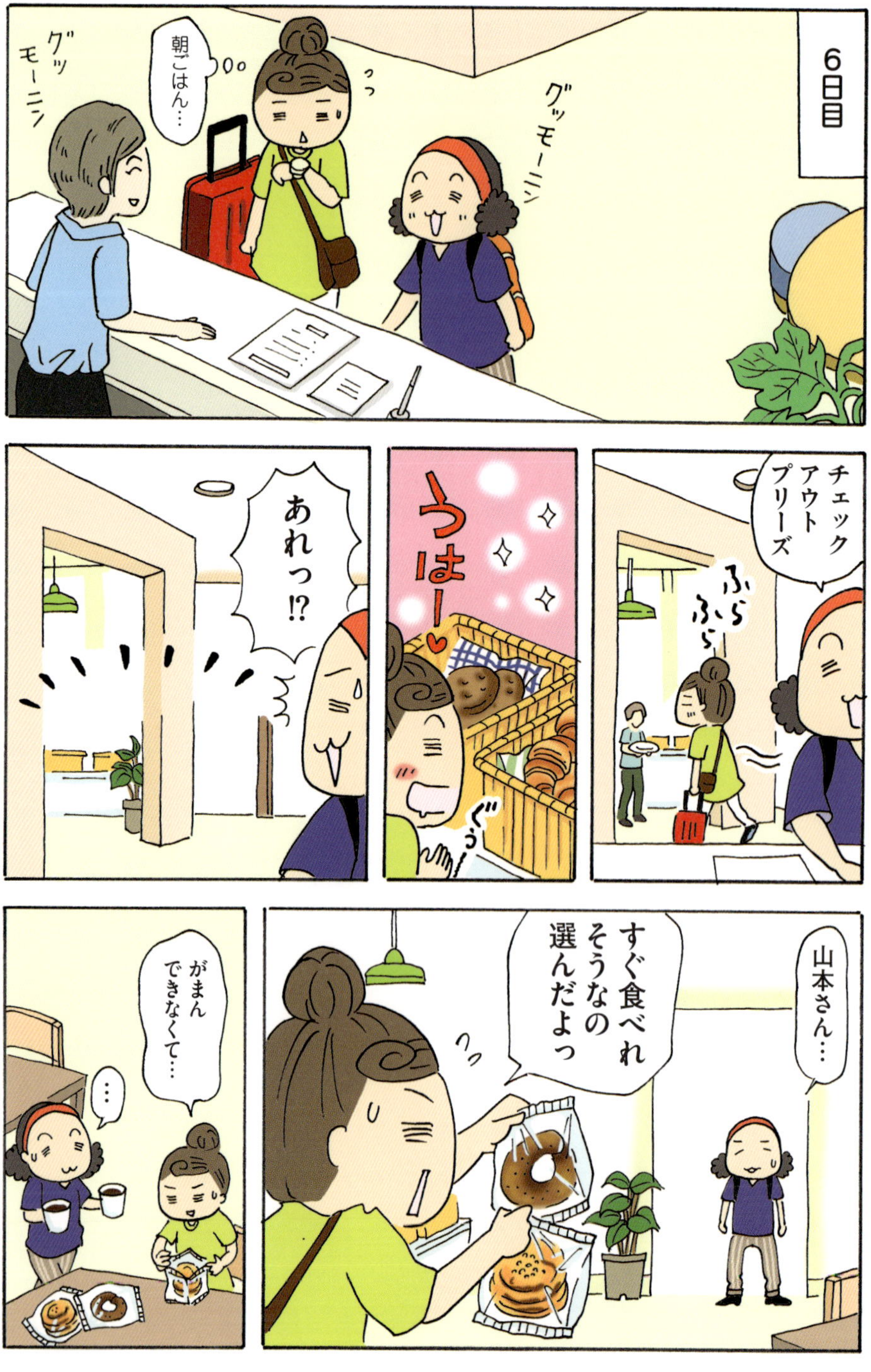
6日目
グッモーニン
朝ごはん…
グッモーニン
チェックアウトプリーズ
ふらふら
うはー♥
ぐぅ～
あれっ!?
山本さん…
すぐ食べれそうなの選んだよっ
がまんできなくて…
…

シナモンツイスト!
ふわあ
いい香り~
もそっ
ポロポロ
…固い…
もそ
ポロ
ポロ
ドーナツならっ
ガサ…
なんと…!
同じ生地…
もそっ
ポロポロ
ハア…
——って、こんなことしてる場合じゃないっ

空港バスきてるー
間に合うかな…
ブロロロ
ギリギリ!
ふぅ
GATE
フィンランド堪能したなあ
パンもフリーダムだったけど
フリーダムなのは
パンだけじゃなかった…
やっぱり現地に行くべき!
ゴー…
そう思いながらデンマークはコペンハーゲンへ

デンマーク編

デンマーク語での「デンマーク」のスペル↙
DANMARK
コペンハーゲン空港
到着!
こぺん・・はーげん・・くうこーう!
合ってる!よし!
MAP
シティパスを買って
交通機関が乗り放題
city Pass zone
電車で
ホテルへ!
ちょっとブラブラしてみる?
そやね
北欧ガイド

これはお城？
証券取引所やって
北欧ガイド
こっちこそお城だ！
そうクリスチャンスボー城
市内
おっ
パン屋さん！
→デンマークでのパン屋さんのマーク
デニッシュたくさん！
本場もんやあ！
見たことないのがいっぱい！

スモーケーア発見!
しんなり
日本でも売ってるやつ?
こっちのはぺちゃんこなんだね
日本で見るやつ
カスタード入りデニッシュなんだけど
泣けるほどおいしいんだよ!
ハーフサイズプリーズ
OK
ほわ〜ん
甘いいい匂い〜♡

さっそく…
しっとり
カスタードが…
デニッシュ生地が…
じゅわああああああしみ
ととと…
とろけてくーっ
まろやかで…
フラァ
こゆい！
これがバター60％以上！
ぜいたくやわあ

それにしても
町を歩けば
パン屋さんだらけ！
どの店もデニッシュの種類すごいね
めっちゃ大きいのも！
でーん
アイシングこってり〜
デザートみたい♡
まさにデニッシュの国デンマーク！

世界3位の自転車大国だそう↑

あの有名な！
「ニューハウン」や！
北欧ガイド
17世紀に造られた小さな港。カラフルな外壁は漁師が船から自分の家を見つけやすくするために塗られたそうです。
アンデルセンも住んでいたそうな
めっちゃかわいい！
それにしても…
人、あふれすぎ
落ちそう…

あった スモーブローの お店！
ニューハウン から近いんや
Sankt Annæ
こんなに 種類が！
MENU
summer
Marinated herring
curry-spiced herring
Herring fran the island
Matjes herring with warm
Plate with 3 kinds of
Orange marinated h
Warm, fried and marine
Boiled and fried filet of
別の頼んで シェアしない？
いいけど…
メニューの英語 よくわからへん…
そうなん だよね
私、お店の おすすめに しようかな…
それじゃ 私はこれに
Fried filet of plaice with remoulade sauce
「Plaice」って 何だろ…

とりあえずビール！
スコール
デンマーク語で乾杯
ぷっはあ
ここでは自分で具材をパンにのせるんだ
きたあ〜〜〜〜〜〜〜〜♡

「Plaice」って魚だったんだあ
後で調べてカレイと判明
「お店のおすすめ」ってニシンの酢漬けやったわ
ポテトにサワークリームも♡
ライ麦パンはプレーンと…
ひまわりの種入りやね
ライ麦、香ばしい!
フィンランド以上やわ

レモンと
マヨネーズソースものっけて…♡
こってりサンド!
サク
じゅわっ
ニシンに…
レッドオニオン、ケッパー、サワークリーム!
ポテトも!
全部のせて…♡
サッパリサンド!
ポリポリ
スキッ
シャキッ
どっちも
でれうまぁぁ

これはもう
サンドイッチの
域を超えてる！
これは日本じゃ味わえんなあ
ごちそうさまでした
コペンハーゲンてセブンイレブンがいっぱいあるね
ライ麦パンが売ってるー！
こんなに手軽に買えるとは
生活になじんでるんだねえ
でも今日は…
もう食べれへん…

デニッシュ発祥の地は
オーストリアのウィーン。
デンマークでは「Wienerbrød《ヴィナーボズ》」(ウィーンのパン)と
呼ばれています。
デンマークで改良、発展したので
「デニッシュ」(デンマークの〜)という
名前で世界に広がったそう。

7日目
朝ごはん〜
もう9時やし あんまり食べると お昼が…
うわぁ
いろいろあるで!
ハムやチーズ
ジャムもたくさん!
こんなチーズスライサー初めて見た!
楽しい〜
回転させて糸でチーズを切る
糸
いただきます!

"RUGBOLLER"
(ライ麦の丸パン)
ひまわりの種
白ケシの実
すんごいもちもち食感！
"FRANSKBRØD"
(食パン)
バターでシンプルに
"MYSLIBOLLER"
(ミューズリーの丸パン)
香ばしくてサンドイッチにピッタリやね
うんまあ
"RUGBRØD"
(ライ麦パン)
こちらはスモーブローに
"CHOKOLADEBOLLER"
(チョコの丸パン)
チョコ
塩チョコ感がおいしい〜〜
カスタードを包み込んだデニッシュ
"SNEGLE"
(シナモンロール)
アイシング濃厚！
アイシング
デニッシュ
"CROISSANTER"
(クロワッサン)
チョコ
これだけいまいち…
バターが少なく感じる
お腹いっぱい！
ふぅ
お昼食べれへんなあ

今日は
ニュー・カールスベア
美術館へ
国立博物館
にも
国立博物館
ニュー・カールスベア
美術館
コペンハーゲン
見どころ…
カールスベアって
ビールの
カールスバーグの
ことなんだ
デンマーク王室御用達！
Carlsberg
11時開館だし
のんびり
行きましょ
あっ
「ラオケーフセット」
LAGKAGEHUSET
日本の
「アンデルセン」に
デニッシュを教えた
パン屋さんなんだって
へー
おいしそう〜
けど今は
お腹いっぱい…
空港にも
支店が
あるみたい
じゃ、
帰国前でも
行けるね
ベーカリー

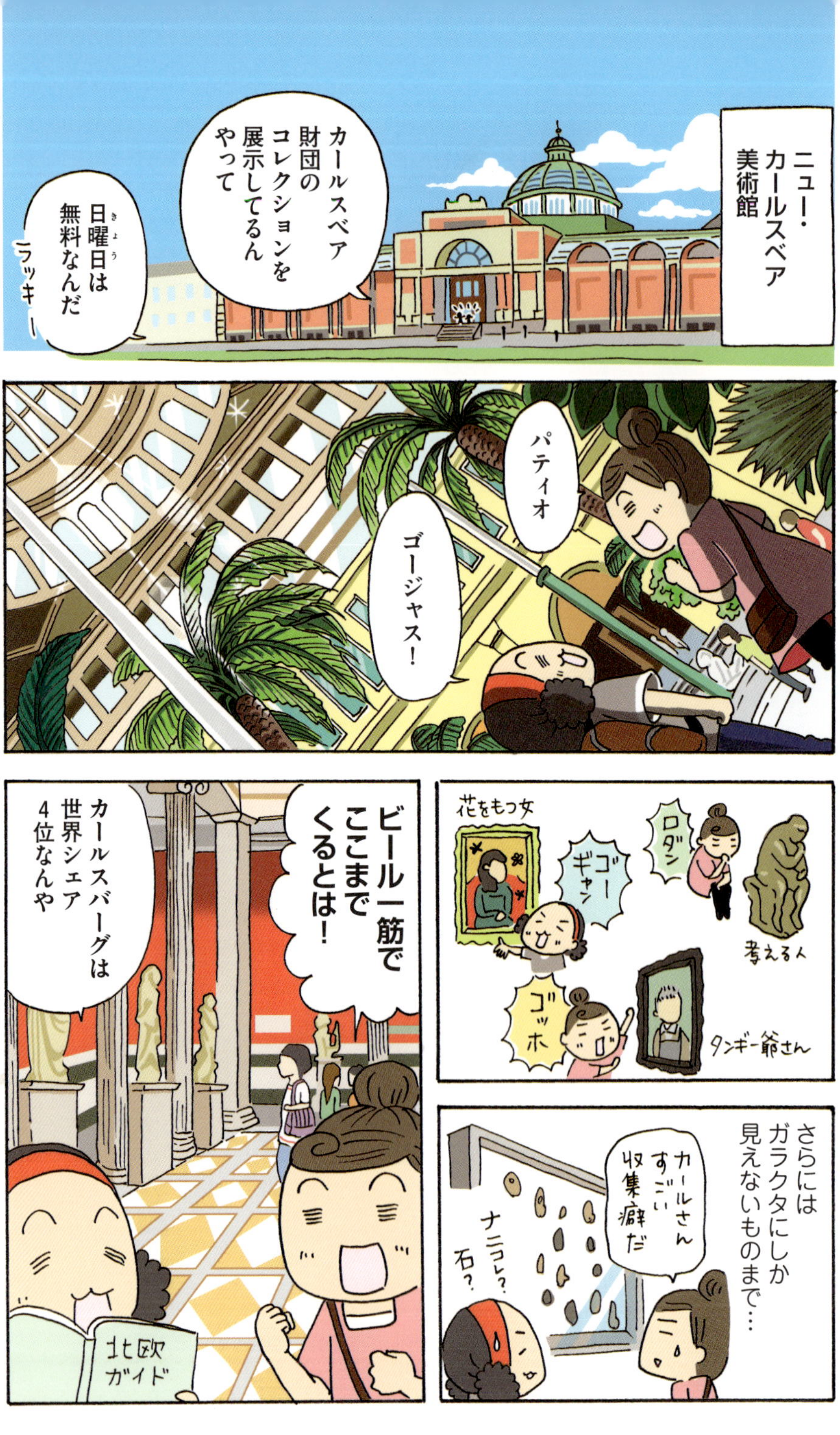
ニュー・カールスベア美術館
カールスベア財団のコレクションを展示してるんやって
日曜日《きょう》は無料なんだ
ラッキー
パティオ
ゴージャス！
ロダン
考える人
ゴーギャン
花をもつ女
ゴッホ
タンギー爺さん
さらにはガラクタにしか見えないものまで…
カールさんすごい収集癖だ
ナニコレ？石？
ビール一筋でここまでくるとは！
カールスバーグは世界シェア4位なんや
北欧ガイド

国立博物館
デンマークの歴史に関する博物館だって
はぁ
パシャ
ふーん
ほー
へー
メダルみたいなのがかわいかったぁ
骨の模型がかっこよかったぁ
浅い感想しか言えないのは、デンマークの歴史を知らないから
情けないね…

あれ、マーケットじゃない?
ガイドに載っとらんなあ
北欧ガイド
野菜がいっぱい
中は…チーズやワイン!
ニワトリ…
ヌガー（ソフトキャンディ）にスモーブローも!
楽し〜〜〜
ここは穴場やなあ
何か食べへん?
あそこはどう
UN MERCATO
UN MERCATO
だってほらサンドイッチ見て…♡
おいしそう…

ポークサンドイッチプリーズ
May I have your name?
料理ができたら名前を呼ばれるシステムらしい
おなかすいた〜
お姉さん休憩だ
まかない↓
なかなか
呼ばれへん…
…
…

!!
あの子達、まだ待ってるのかしら〜〜！？
お姉さんの説明によるとコンピューターのミスでオーダーが通ってなかったそう
Sorry!
サンドイッチが完売だからディナーのポークをサービスするわ！
残念…
オーケー
――が、
"PORCHETTA"
ジュワッ
岩塩
ミニポテト
カリッ
ほくっ
仔豚の香草焼き！
揚げじゃが芋！
枝つきトマト
香草を巻いてスモークした豚肉

うまっ
お肉、柔らか!
じゃが芋も甘い〜
ハフハフ
こっちでも全然満足だわー!
うんうん!
コンビニ寄って帰ろう
食べた〜
NETTO
8-22
カールスバーグの1リットル缶発見!
デカッ
Carlsberg
1LTR
ニュー・カールスベア美術館が無料だったので
ゴッゴッ
ゴッゴッ
飲んでお返しいたします

8日目
今朝は
「アンデルセン」チボリ支店へ!
→電車の駅のマーク
「アンデルセン」はデンマークのデニッシュをお手本にしたんよね
そうそう
自動ドア↓
ここ空いてるよ
そのデニッシュを食べてほしくてこっちに支店を作ったんや
デンマークへの愛を感じるよね!!
♪おーるゆーにでぃずらー
(ALL YOU NEED IS LOVE)
Hey!!

なに!?
え!?
え!?
あっ
ここ、サイレントシートだっ
そんなのがあるんや!
タック!タック!
「タック」ってごめんの事か
タック!タック!

ガー
バクバク
怖かったぁ
てかなんでデンマーク語出てきたん⁉
スゴイわっ
使えそうなのは覚えてきたの
使えるデンマーク語
ほら
パラ…
基本編
(タック)
Tak
=
ありがとう
お前らうるせえ！
ありがと！
ありがと！ありがと！

気を取り直して楽しもう!
うん!
ANDERSEN BAKERY
カフェもあるんや
バラエティ豊富!
ズラッ
ライ麦パンもおいしそう…
でも料理と一緒に食べたいなあ
ケーキもあるで!
パン屋さんのケーキって意外とおいしいんだよね

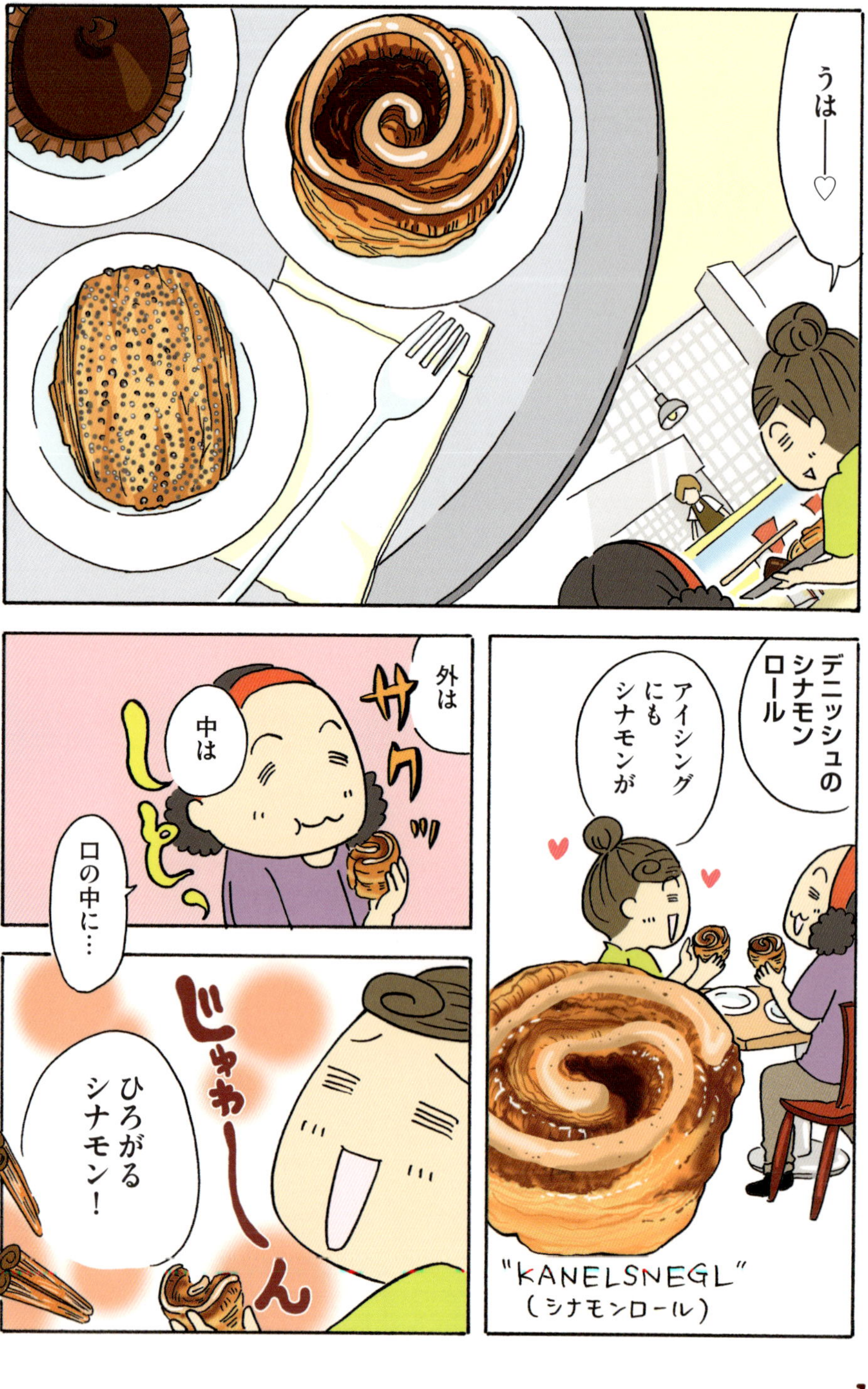
うは――♡
デニッシュのシナモンロール
アイシングにもシナモンが
"KANELSNEGL"
(シナモンロール)
外は
サクッ
中は
しと、
口の中に…
じゅわーん
ひろがるシナモン！

"TEBIRKES"
(TE＝お茶
BIRKES＝ケシの実)
ケシの実のついた
デニッシュ
「ティビアキス」
ザクッ
ザクッ
ハラ
ホロ
でれうまっ
ザクザク
食感に…
あふれる
バターの風味!
ふおおあ
さすが本場の
デニッシュだ!

そして最後はチョコケーキ！
"SARAH BERNARD"
ススッ！
ザコォッ
おおっ
これは
ザコッ
マカロン！
の上に
フワッ
ガナッシュクリーム！
ガナッシュクリーム
マカロン生地
「スウェーデン風マカロン」だそうです
チョココーティングもがっつり！
口に残る甘さ♥
でれうまでした

おみやげに買う？
袋パンのが日持ちするからそっち買おうと思って…
マガジン・デュ・ノルド
デパートへ！
デンマーク最大なんや
どぉん！
こんなにライ麦パンが!!
どひゃー
プンパニッケルの丸型は珍しいかも
※ライ麦の黒パンで、四角い形が一般的
pumpanickel
賞味期限間近のしか残ってないで
ガーン

ジャム売り場もすっごいね！
パン文化やな
ストロベリー&ルバーブジャムやって
こっちはストロベリーシャンパンジャム！
パンにのせる板チョコってのがあるんだぁ
これは買お！
ジャムは重いしな
パリパリパリパリ
もーっ
!?

「チボリ公園」って遊園地、花火やってるで！
えっ―ほんと!?
北欧最後の夜を彩る花火…
すてきすぎる…！
あ、23時45分からやわ…
遅…
こっちは日暮れも遅いからねえ
※夏は24時まで開園（曜日によって異なります）
まだ17時やけど夜ごはん食べへん？
昨日のマーケットを開拓しよう
北欧ガイド

TAPA DEL TORO
あのカウンターのお店、いい感じやない？
おしゃれっぽいね
オープンサンドのお店なんだ
こんなにあったら選べへんなあ！
ヘイタイショウ
ディスワンプリーズ
OK!

エビ
パプリカ
アーティチョーク
マッシュルーム
ハム
魚介入り
トマトソース
プチトマト
カンパーイ
オリーブ
ペースト
フランスパン
ニシン
"スペイン風オープンサンド"
小さいから
いろいろ食べれて
いいな、これ！
もふ
もふ
ビールが
進むわ♪
グビ
グビ

おいしすぎて困る♡
次、ワインにしようかな
あっ私も!
別に合わせんでええよ!?
お酒強い→
ううん、飲みたいから〜
チボリ公園行ける?
キャー
ぐるんぐるん
…花火だけでも見に行く?
…
なんとかホテルへ
ゴメン〜…

デンマークの人魚姫像は
カールスバーグ2代目 社長が建てた
世界3大がっかり名所の
1つ です
(見てません)。

9日目
ついに…
最終日…
帰りたくないよお
私も会社行きたくない…
最後の朝食だぁ

ケシの実とごまのデニッシュ
ザクザク
プチプチ
むむむ…
うおおおお！
おいしいっ！
まさかデニッシュに甘じょっぱさが合うとは…！
これか
ザクザク
プチプチプチィ
おおっ
塩気が効いてて——
バターが引き立つ♡
じゅわぁ

シリアルブレッドにはたっぷりジャム
カフェオレと一緒に♡
幸せやねえ
今、10時か
飛行機15時やけど早めに行っとく？
LAGKAGEHUSET
なぜなら空港にはあのパン屋がっ！
空港…行きたくないけど行きたい…！
ラオケーフセット！

今日もいい天気
北欧ずっと晴れてたねぇ
と言ってるそばから
ゲリラ豪雨!
列車内でよかった〜
ドァーッ
コペンハーゲン空港
ロニ →
あった!
LAGKAGEHUSET
あっちにカフェスペースも
食べるのは…

デンマークで一番ポピュラーな
スパンダワー!!
"SPANDAUER"
マジパンを加えたデニッシュにカスタード
アイシングにアーモンドスライス
マジパン=アーモンドと砂糖のペースト
でれうまぁ
甘さ大噴火!
ドッ
甘党の私にはたまらーん!
1つでかなりのボリュームやな

まんぷく・まんぞく・
あの行列なんやろ?
JOE & THE JUICE
ズラー
サンドイッチとジュースのカフェ!
ここで食べおさめだっ
食べるんか!
「TUNACADE」ってサンドにする!
ツナとアボカド入り
一口ちょうだい
うん!
ジュースはどれにしよ~♡
the JUICE
"YOUNG BLOOD" (celery, lemon, apple)
"GO AWAY DOC" (carrot, apple, ginger)
他にも "STRESS DOWN" "IRON MAN" など
名前がおもしろいなあ
パッションフルーツのジュースやって
珍しい!
飲みたい!

でも名前が…
SEX ME UP
(passion fruit, apple, ginger)
オウ…
Hello!
「TUNA CADE」アンド…
「GO AWAY DOG」プリーズ
妥協…
YOUNG BLOOD
JOE'S SWEET KISS
GO AWAY DOC
しかも「DOC」やから
!!
GO AWAY DOC
=医者いらず
パニーニぽいね
ペタンコ
ライ麦パンをプレスしてるんだ

いただきまーす
ペロン
アボカドたっぷり〜〜〜
サクッ
どない？
絶品！
ライ麦の甘さと香ばしさがジワジワ出てくる！
もふもふ
アボカドとぴったりやん！
ジュースは生姜をすっごい感じるわあ
ジワジワ
このお店、日本にもできてほしい…

そろそろゲート行こうか？
あー ついに…
フィンランドにデンマーク…
タック！タック！
ドーナッツ～
Departures
ニューハウン
予想外のこともいろいろあったけど
期待以上にパンがおいしくて
本当によかった
Passport control
これだけ食べても飽きないなあ
パンは偉大やね

しっかりリサーチしといたらもっと充実した気も…
あっ
北欧ガイド
デンマークってホットドッグも有名らしい…
フランスパンにソーセージがささる独特のスタイル
また来よう
北欧まだまだ開拓の余地あり！
北欧ガイド

この本を手にとってくださった皆さま、
本当にありがとうございました。山本あり

山本あり

4月11日東京都生まれ。
高校生のときに調理師免許を取得。
卒業後は桑沢デザイン研究所に進み、
現在はフリーのイラストレーター、マンガ家。
著者に『やっぱりパンが好き!』（イースト・プレス）
『晩ごはんおかずリレー』
『自宅で手軽に♪ 燻製生活のススメ』
（KADOKAWAメディアファクトリー）など。
Twitterアカウント@yamamoto_ari

コミックエッセイの森

世界ぱんぱかパンの旅〈北欧編〉

発行日 2014年3月14日 第1刷発行
著者 山本あり
装丁 川名 潤／五十嵐ユミ（PriGraphics）
発行人 堅田浩二
営業 雨宮吉雄／明田陽子
DTP 臼田彩穂
発行所 株式会社イースト・プレス
〒101-0051
東京都千代田区神田神保町2-4-7 久月神田ビル8階
電話 03-5213-4700
FAX 03-5213-4701
URL http://www.eastpress.co.jp/
印刷 中央精版印刷株式会社

協力 仁藤明日美／秋信まちこ
ISBN978-4-7816-1145-7 C0095